少林武术精粹系列丛书

少林刀术（三）

德虔　德炎　编著

北京体育大学出版社

责任编辑：孙运娟
责任校对：潘海英
版式设计：李　鹤

图书在版编目（CIP）数据

少林刀术. 三 / 德虔, 德炎编著. -- 北京 : 北京体育大学出版社, 2022.1
（少林武术精粹系列丛书）
ISBN 978-7-5644-3592-9

Ⅰ. ①少… Ⅱ. ①德… ②德… Ⅲ. ①少林武术 - 刀术(武术) - 套路(武术) Ⅳ. ①G852.22

中国版本图书馆CIP数据核字(2022)第007632号

少林刀术（三）
SHAOLIN DAOSHU(SAN)
德虔　德炎　编著

出版发行：北京体育大学出版社
地　　址：北京海淀区农大南路1号院2号楼2层办公B-212
邮　　编：100084
网　　址：http://cbs.bsu.edu.cn
发 行 部：010-62989320
邮 购 部：北京体育大学出版社读者服务部 010-62989432
印　　刷：北京昌联印刷有限公司
开　　本：880mm × 1230mm　1/32
成品尺寸：148mm × 210mm
印　　张：2.25
字　　数：44千字
版　　次：2022年1月第1版
印　　次：2022年1月第1次印刷
定　　价：13.80元

（本书如有印装质量问题，请与出版社联系调换）

前言

武术作为中国的国粹，是中华民族传统文化的组成部分。家喻户晓的少林武术便是其中极具代表性的门类，是中国武术的重要象征。

我社与少林武术结缘已久，伴随着时光的流逝，有多种内容、多样组合、各种形式的载有少林武术的出版物，源源不断地从我社注入市场，为方兴未艾的少林武术热潮平添了更高的热度。可以说，少林武术图书一直与我社相伴相随，成为我社具有长期出版价值的图书门类。其中，少林武术图书的编纂者——已故的王长青（法号释德虔）先生功不可没。他经年累月锲而不舍，寻于寺院、觅于乡间，挖掘出大量尘封的少林武术资料，继而分门别类梳理、整饬成一册册书稿，并与我社携手努力，打造出独树一帜的武术图书板块，为我社的武术图书出版打开了新局面。

今天，在着力弘扬中华优秀传统文化，树立和增强文化自信的大背景下，我社将以往出版的少林武术书籍重新进行了编排，以全新的面貌推出“少林武术精粹系列丛书”，这是我社多年来少林武术出版情结的延续，是对积累和沉淀的少林武术资源的再一次整合与展示，更紧密契合了时代的要求。

通过这套书，读者可以研习刚柔相济、闪转腾挪的少林功夫，可以感悟其中凝结的中华智慧，可以领略武术文化的博大精深……这便是我社对这套书出版价值的期待。

目　录

少林雁形刀

动作名称

预备势
1.转身接刀
2.猛虎出穴
3.大鹏斜飞
4.大雁落山
5.罗汉背刀
6.豹子钻林
7.猛虎出洞
8.金鸡独立
9.野马跳槽
10.猿猴收身
11.野鸟投林
12.白猿出洞
13.猿仙抛石
14.叶下藏花
15.跨虎登山
16.大鹏斜飞
17.燕子回头
18.黑虎穿林
19.鸿雁落山
20.鹞子翻身
21.罗汉扛柴
22.叶下藏花
23.燕子回头
24.大鹏斜飞
25.豹子跳涧
26.朝天烧香
27.野马操田
28.摘星换月
29.燕子回头
30.并步捧刀
31.旋风云刀
32.金蛇入洞
33.燕子回头
34.童子捧香
35.顺风扫叶
36.鹞子钻天
37.金龙弹爪
38.老猿回头
39.大仙展袖
收　势

动作图解

预备势

两脚成八字并立，身体挺直，左手握刀，刀刃向前，刀尖向上，右掌附于右腿外侧，掌心向内，目视前方。（图1）

1.转身接刀

右脚向右侧稍移步，并以之为轴，身体右转90度，左脚尖点地，右手接刀向上撩，刀刃向上，刀尖斜向左，左臂屈肘，左掌亮于胸前，目视前方。（图2）

图 1

图 2

2.猛虎出穴

以两脚为轴，身体左转180度，两腿成左弓步，同时右手持刀由后向前上方穿挑，刀刃向前，刀尖向上，左手成掌甩于身侧，掌心向下，掌指向前，目视刀刃（图3）；提左膝，右脚不动，上体右转45度，成独立势，同时右手由前上方向后下方抽刀，护于右侧，刀刃向下，刀尖向前，左掌推于前方，掌心向前，掌指向上，目视前左掌（图4）。

图 3

图 4

3.大鹏斜飞

左脚落于右脚前，右腿略屈膝，身体前倾，同时右手持刀由后向前斜穿推出，刀刃向下，刀尖斜向左，左掌由前向后展于左后上方，掌心向外，掌指向上，目视前方。（图5）

图 5

4.大雁落山

两脚蹍地，重心后移，向右转体，两腿成左仆步，同时右手持刀由前向后下方撩劈，刀刃向后，刀尖向下，撩于身后右侧，左手由后向前推击，掌心向前，掌指向上，目视左掌。（图6）

图 6

5.罗汉背刀

重心前移，起身成左弓步，左掌向前上举，掌心斜向前，掌指斜向上，右手持刀在右侧画弧叠花，然后斜撩于后方，刀刃向上，刀尖斜向后，目视后方。（图7）

6.豹子钻林

以两脚为轴，身体右转180度，成右弓步，同时右手持刀旋腕向前刺出，刀刃斜向下，刀尖向前，左掌在后展开，掌心向上，掌指向后，目视刀尖。（图8）

图 7

图 8

7.猛虎出洞

两脚弹起前后换步，落地成左弓步，同时右手持刀由前收回再刺出，刀刃向下，刀尖向前，左掌上架于头上方，掌心向上，掌指斜向右，目视刀尖。（图9）

图 9

8.金鸡独立

右脚前移，提左膝成独立势，同时右手持刀抽藏于身后右侧，刀刃斜向后，刀尖向下，左掌由上向前推出，掌心向前，掌指向

上，目视前方。（图10）

9.野马跳槽

左脚向后落步，成高弓步，同时右手持刀向前下刺，刀刃斜向下，刀尖向前，左掌按于左下方，掌心向下，掌指向前，目视前方。（图11）

图 10

图 11

10.猿猴收身

左脚向前移步，提右腿，上体向前拧转倾斜，左手接刀，左臂屈肘拧把抱于怀中，刀刃斜向上，刀尖向前，右手撤把向右摆，掌心向后，掌指向下，目视右侧。（图12）

11.野鸟投林

左脚尖外旋，右脚落于左脚前一步，成右弓步，同时上身前探，右手接刀由后向前直刺，刀刃向下，刀尖向前，左掌向后展开，掌心向后，掌指向上，目视前方。（图13）

图 12

图 13

12.白猿出洞

左脚向前上半步，下落为轴，身体右转90度，抬右脚落于左脚后外侧半步，两腿屈膝成歇步，同时右手持刀在身前画弧下劈，刀刃向后，刀尖向左，左掌画弧下按，沿刀面向左推出，掌心向下，掌指斜向前，目视左掌。（图14）

13.猿仙抛石

起身，以两脚为轴，身体右转180度，成高弓步，同时右手向上抛刀，左臂屈肘，左手接刀上撩，右掌下展于右下方，掌心向下，掌指斜向右，目视刀刃。（图15）

图 14

图 15

14.叶下藏花

提右膝，成独立势，同时右手接刀甩扫左腋下，刀刃向外，刀尖向后，左掌平展于左侧，掌心向下，掌指向左，目视左侧。（图16）

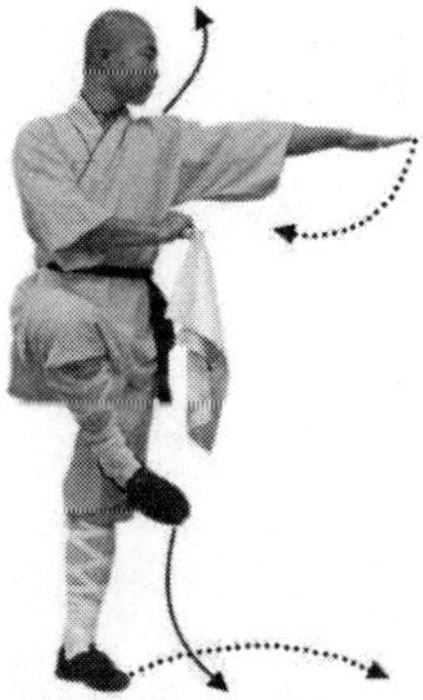

图 16

15.跨虎登山

右脚落地，两脚踬地，身体左转90度，左脚向前上一步，成左弓步，同时右手握刀前推，刀刃向前，刀尖向上，左手紧扶右手腕内侧，手心向右，手指向前，目视刀尖（图17）；以两脚为轴踉地，身体稍右转，成左弓步，同时右手持刀绕头由右向左旋缠一周，护于左肋外侧，刀刃向外，刀尖向后，左掌上架于头上前方，掌心斜向上，掌指斜向右，目视右手（图18）。

图 17

图 18

16.大鹏斜飞

两脚旋跳，身体右转270度，落成右横高弓步，同时右手持刀随身势斜劈于右前方，刀刃向下，刀尖斜向前，左掌展于左上方，掌心向左，掌指向上，目视右侧。（图19）

17. 燕子回头

两脚踉地，身体右转180度，成叉步，同时右手持刀旋腕向右侧刺扎，刀刃向下，刀尖向右，左掌展于左侧，掌心向左，掌指向上，目视刀尖。（图20）

图 19

图 20

18.黑虎穿林

两脚跳起，身体在空中右转90度，右脚落于左脚前，成右弓步，同时右手持刀在身前画弧下劈后抽，刀刃向上，刀尖斜向右，左掌由后向前推出，掌心向前，掌指向上，目视左掌（图21）；然后右手持刀继续抖腕向前扎刺，刀刃斜向前，刀尖斜向上，左手护于右臂内侧，目视前方（图22）。

图 21

图 22

19.鸿雁落山

身体向后下沉，成右仆步，同时右手持刀由前向后抽拉下按，刀刃向前，刀尖向上，左掌外展于左后上方，掌心向外，掌指向上，目视刀背。（图23）

20.鹞子翻身

起身，收右脚并以之为轴右旋，两脚同时起跳，腾空后，身体右转180度，右手持刀迅速向右侧拧把刺扎，刀刃向下，刀尖斜向右，左掌上架于头上方，掌心向前，掌指斜向上，目视刀尖。（图24）

图 23

图 24

21.罗汉扛柴

左脚落地后以之为轴，身体左转180度，右脚向前上一步，成右弓步，同时右手将刀收回扛于右肩上，刀刃向右，刀尖向后，左掌收回护于身前，掌心斜向右，掌指斜向上，目视前方。（图25）

22.叶下藏花

抬左脚向前上半步，并以之为轴，身体右转90度，提左膝，成独立势，同时右手持刀由右向左绕头旋转，抱于右肋外侧，刀刃向外，刀尖向上，左掌展于左侧，掌心向下，掌指向左，目视左侧。（图26）

图 25

图 26

23.燕子回头

以左脚为轴，身体右转180度，右脚在左侧下落成叉步，同时右手持刀随身势由左向右旋扫于右侧，刀刃斜向下，刀尖斜向右，左掌展于左侧，掌心斜向前，掌指向左，目视刀尖。（图27）

图 27

24.大鹏斜飞

以两脚为轴，身体右转90度，全蹲成歇步，右手持刀在右侧自行叠花下按，刀刃向下，刀尖向前，左掌由后向前向下护于刀背上方，掌心向前，掌指向上，目视前方（图28）；起身，两脚跳步，身体右转90度，落成右弓步，右手持刀向右侧扎刺，刀刃向下，刀尖向右，左掌向左展，掌心斜向前，掌指向左，目视刀尖（图29）。

图 28

图 29

25.豹子跳涧

以两脚为轴，身体右转90度，左腿向前抬起，右手持刀向右侧劈甩，刀刃向下，刀尖斜向右，左掌护于左肋外侧，掌心向下，掌指向前，目视前方。（图30）

26.朝天烧香

左脚在右脚前方下落，成高弓步，同时右手持刀由后反腕向前上方穿挑，刀刃向前，刀尖向上，左手向前紧护于右手腕内侧，掌

心向右，掌指向上，目视刀尖。（图31）

图 30

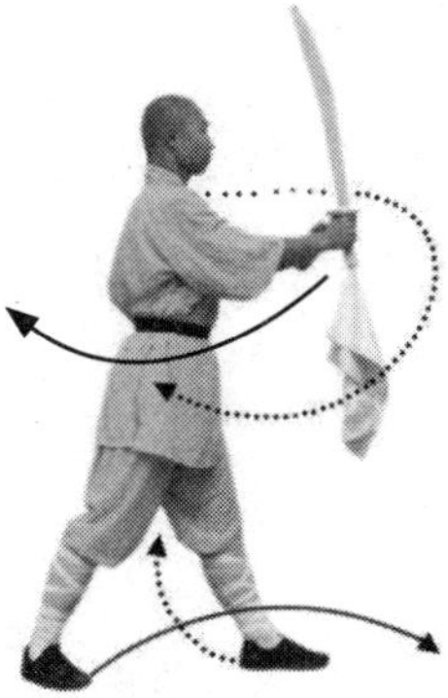

图 31

27.野马操田

抬右脚落于左脚前，左脚向后反踢，身体向前探，左手接刀抱于怀中，刀刃斜向上，刀尖向前，右手向后展开，掌心向外，掌指向右，目视右后方。（图32）

图 32

28.摘星换月

左脚落在右脚前，身体右转180度，成右弓步，两手握刀上架于右肩上方，刀刃向上，刀尖向前，目视前方（图33）；左腿提膝，右脚尖内旋180度，成独立势，右手持刀旋腕上穿于身前上方，刀刃向左，刀尖斜向上，左掌架于头上方，掌心斜向上，掌指斜向右，目视前方（图34）。

图 33

图 34

29.燕子回头

左脚落地，右脚向前上一步，右手持刀挽花，刀刃向前，刀尖向下，左手护于右腋下，掌心向右，掌指向上，目视前方（图35）；两脚右旋成叉步，同时右手持刀旋腕向后刺扎，刀刃向下，刀尖向后，左掌向前上方展开，掌心向前，掌指斜向上，目视刀尖（图36）。

图 35

图 36

30.并步捧刀

两脚踝地，身体右转135度，右脚向前上一步，成右高弓步，同时右手持刀由左向右旋绕头上一周，然后旋于左肩上，刀刃向外，刀尖向左，左手成掌向后摆，掌心斜向外，掌指斜向下，目视左前方（图37）；然后右脚尖内旋，身体向左转45度，抬左脚与右脚并步，两腿屈膝，右手持刀由左后向右前方劈挑，刀刃向外，刀尖向上，左手护于右手腕上方，掌心向下，掌指向外，目视右侧（图38）。

图 37

图 38

31.旋风云刀

两脚离地，右脚向左上方旋踢，当全身腾空左转体180度时，速出左掌拍击右脚面，右手持刀随身势旋于身后右上侧，刀刃向上，刀尖斜向后，目视前方。（图39）

32.金蛇入洞

左脚后踢，右脚落地后，身体左转90度，同时右手持刀随身转于右后方，刀刃向外，刀尖向上，左掌展于左侧，掌心向前，掌指向上，目视前方（图40）；左脚落于右脚后一步，成右弓步，同时右手持刀由后向前刺扎，刀刃斜向下，刀尖向前上方，左掌后展，掌心向外，掌指向后，目视刀尖（图41）；两脚前跳半步，落地后变为左弓步，右手持刀复刺，目视刀尖（图42）。

图 39

图 40

图 41

图 42

33.燕子回头

右脚向前上半步，左脚跟抬起，成左虚步，同时右手持刀向右后方抽拉，刀刃向后，刀尖斜向下，左掌推于身前，掌心向前，掌指向上，目视前方（图43）；然后左脚向右移到右脚前，成叉步，左手接刀向身后左侧扎刺，刀刃向下，刀尖向后，右掌前展，掌心斜向前，掌指斜向上，目视刀尖（图44）。

图 43

图 44

34.童子捧香

以两脚为轴，身体左转180度，右脚后退一步，成左虚步，左手持刀随身势右转交于右手，右手接刀，向前上方穿出，刀刃向前，刀尖向上，左手扶刀把，目视刀背。（图45）

35.顺风扫叶

左脚向前上半步，成左弓步，同时右手持刀向身后下落，再向前平削，刀刃向前，刀尖斜向右，左掌向左上方展开，掌心向上，掌指斜向左，目视右侧。（图46）

图 45

图 46

36.鹞子钻天

右脚回收，两脚同时起跳，身体左转180度，右腿向前弹踢，右手持刀随身势旋于身侧，刀刃斜向外，刀尖向前，左掌展于身前，掌心向下，掌指向前，目视前方。（图47）

37.金龙弹爪

左脚落地，身体左转180度，右脚不落地向前上方弹踢，同时左掌随身势由上向下拍击右脚面，右手持刀旋腕夹于腋下，刀刃向后，刀尖斜向上，目视左掌。（图48）

图 47

图 48

38.老猿回头

右脚下落，左脚向前上一步，身体右转90度，落成左弓步，同时右手持刀由后向前撩挑于身前，刀刃斜向下，刀尖斜向左，左手握拳下砸于左大腿上，拳心向后，目视右侧。（图49）

39.大仙展袖

左脚向右前方移半步，右脚提起向后滑步落于左脚后外侧，身体微右转，右手持刀交于左手，左手接刀，刀刃向前，刀尖向上，右手向外展甩，掌心向下，掌指向前，目视前方。（图50）

图 49

图 50

收　势

两脚踝地，身体右转270度，收左脚与右脚并步站立，身体挺直，左手持刀护于左肋前侧，刀刃向前，刀尖向上，右掌变拳抱于右侧腰间，拳心向上，目视前方。（图51）

图 51

少林四门刀

动作名称

预备势
1.罗汉拔刀
2.力士护膀
3.天王撩袍
4.云顶插花
5.童子捧香
6.虚步藏刀
7.云顶插花
8.金刚棚梁
9.雁落平沙
10.黄龙探海
11.猛虎跳涧
12.提刀滴水
13.金刚解怀
14.魁星挑帘
15.黄蜂入洞
16.回身拜月
17.青龙探海
18.白猴坐洞
19.宿鸟投林
20.狸猫缩身
21.力士破城
22.雁落平沙
23.猛虎跳涧
24.夜战八方
25.罗汉把门
26.腋下藏花
27.天王传令
28.独立观风
29.猛虎抱头
30.回头望月
31.腋下藏花
32.提刀滴水
33.罗汉解怀
34.力士挑帘
35.金蟾拜佛
36.猿猴献书
37.白猴出洞
38.敬德托鞭
39.金刚踢腿
40.金童献宝
41.仙人坐洞
42.力战双雄
43.野马跳槽
44.雁落平沙
45.独龙出洞
46.回身挑袍
47.白猿入洞
48.顺水推舟
49.回身拜佛
50.夜战藏刀
51.魁星挑帘
52.披身伏虎
53.一根清香
54.猿猴偷桃
55.展旗观斗
56.天女散花

57.武松断虎
58.高祖斩蛇
59.金龙盘顶
60.金灯倒挂
61.仙人献壶
62.坐马棚梁
63.太公钓鱼
64.黄忠射箭
65.临走留招
66.回身伏虎
67.抱月观敌
68.坐马棚梁
69.回身下令
70.马步藏刀
71.燕子展翅
72.倒挂金灯
73.太公观星
74.金刚踢腿
75.童子捧香
76.夜战八方
77.山头插旗
78.仙人摆旗
79.乌龙进洞
80.退步留招
81.黑蛇吐信
82.独立背刀
83.虚步藏刀
84.童子弹踢
收　势

动作图解

预备势

两脚成八字并立，身体挺直，右手持刀护于右肋前外侧，刀刃向外，刀尖向上，左手握拳，拳心向上，抱于左腰间，目视前方。（图1）

1.罗汉拔刀

右脚不动，左脚向前半步，成左虚步，同时右手持刀由上向前下方劈击后拉，刀刃向后，刀尖向下，左掌推向前方，掌心向前，掌指向上，目视前方。（图2）

图 1

图 2

2.力士护膀

两脚不动，右手持刀由右下方挑护于左肩外上方，刀刃斜向外，刀尖向上，左掌变勾手，甩于身后左侧，勾尖向上，目视前方。（图3）

3.天王撩袍

右脚向左脚后移步，身体右转90度，两腿成高虚步，同时右手持刀由身前环弧向右画，护于右前方，刀刃向外，刀尖向下，左勾手甩于左后方，勾尖向上，目视前方。（图4）

图 3

图 4

4.云顶插花

左脚后撤，两脚蹍地为轴，身体左转180度，右脚上前落于左脚前半步，成右虚步，右手持刀随身势绕头上由右向左环绕一周半，护于左肋下外侧，刀刃向外，刃尖向后，左勾手变掌随身势展于头前左上侧，掌心向外，掌指斜向上，目视前方。（图5）

5.童子捧香

先抬右脚，后起左脚，向前跳，两脚落地并以之为轴，身体右转90度，上体微向右斜，两腿成马步，同时撩刀随身势由左向下向右绕身前抡劈再画弧上撩于身前左侧，刀刃向外，刀尖向上，左手护

于右手腕内侧，目视前方。（图6）

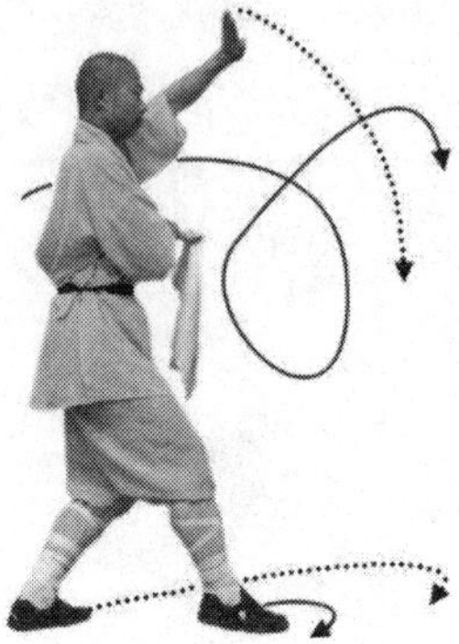

图 5

图 6

6.虚步藏刀

以两脚为轴，身体左转90度，成左虚步，同时右手持刀向前劈击后抽，护于右大腿外侧，刀刃斜向下，刀尖斜向前，左手成立掌向前推出，掌心向前，掌指向上，目视前方。（图7）

7.云顶插花

右脚向前上半步，成右虚步，上体稍向左转，同时右手持刀随身势绕头上由右向左旋缠一周半，护于左肋外侧，刀刃斜向外，刀尖斜向上，左掌横架于头上左前方，掌心斜向上，掌指向右，目视前方。（图8）

图 7

图 8

8.金刚棚梁

先抬右脚，后起左脚，向前跳，两脚落地为轴，身体右转90度，成马步，同时右手持刀随身势在身前由左向右画弧抡劈，然后棚架于头上前方，刀刃向上，刀尖向左，左掌变勾手，架于左侧刀尖下方，勾尖向下，目视左侧。（图9）

9.雁落平沙

右脚移位，向右侧伸直成右仆步，同时右手持刀由头上向右侧下劈，刀刃向下，刀尖向右，左勾手变掌向左上方推出，掌心斜向左，掌指向前，目视刀尖。（图10）

10.黄龙探海

右脚稍向左移步，起身，提左膝，成独立势，同时右手持刀迅速向右侧刺出，刀刃向下，刀尖向右，左手旋腕上架于头上左侧，掌心斜向上，掌指向右，目视刀尖。（图11）

11.猛虎跳涧

左脚落地，两脚起跳，腾空时身体右转180度，落地后，成左仆步，右手持刀随弹跳的动作，绕右侧叠花下劈，刀刃向下，刀尖向前，左掌也随身势画弧，推于身前刀背前上方，掌心向左，掌指向上，目视左掌。（图12）

图 9

图 10

图 11

图 12

12.提刀滴水

起身，右脚后移半步，收左脚成虚步，同时右手持刀反腕向上，横架于身前头上，刀刃向前，刀尖斜向下，左掌护于身前，掌心向右，掌指斜向前，目视前方。（图13）

13.金刚解怀

左脚踏实，右脚向前上步，成右弓步，同时两手握刀由前向上再向后下画弧抡撩，前撩于右前方，刀刃向前，刀尖向下，左掌顺势扶按于右手腕部，目视前方。（图14）

图 13

图 14

14.魁星挑帘

以右脚为轴，左脚迅速提起，同时右手持刀随身势向上绕左侧画弧下落，然后挑架于左前上方，刀刃向上，刀尖向左，左手也随之旋腕变掌，推架于左前方，掌心向前，掌指向上，目视左掌。（图15）

15.黄蜂入洞

左脚在左侧下落为轴，右脚迅速向前上一步，成右弓步，同时右手持刀向前猛力扎刺，刀刃向下，刀尖向前，左手旋腕上架于头上左侧，掌心斜向上，掌指向右，目视刀尖。（图16）

图 15

图 16

16.回身拜月

两脚蹍地，身体左转180度，收右脚向前成跪步，同时右手持刀由后向前挑撩后，架于头上，刀刃向上，刀尖向后，左臂屈肘，左掌护于刀盘下方，掌心向上，掌指斜向后，目视两手。（图17）

17.青龙探海

起身，右脚向前上半步，提左膝，成独立势，上身微向右斜，右手握刀拧把直向前方刺扎，刀刃向上，刀尖向前，左掌上架于头上左侧，掌心向外，掌指斜向上，目视刀尖。（图18）

图 17

图 18

18.白猴坐洞

左脚在右脚后下落，右脚后移，两腿屈膝全蹲成歇步，同时右手持刀屈肘收抱胸前，刀刃向上，刀尖向右，左掌架于头上方，掌心向外，掌指向右，目视刀尖。（图19）

19.宿鸟投林

起身，右脚向右前方移步，身体右转90度，抬左脚向前上半步，右脚离地后撩，身体向前探，成独立势，右手持刀拧把向前挑刺，刀刃斜向下，刀尖斜向前，左掌紧护于右手腕内侧，掌心斜向上，掌指向前，目视刀尖。（图20）

图 19

图 20

20.狸猫缩身

右脚在左脚后落地，屈膝全蹲成斜蹲步，同时右手将刀收回并藏于身后右侧，刀刃斜向后，刀尖斜向下，左掌推于身前，成立掌，掌心向前，掌指向上，目视左掌。（图21）

21.力士破城

起身，右脚向前上半步成右高弓步，同时右手持刀由后向前穿刺，然后架于头上前方，刀刃斜向上，刀尖斜向后侧，左掌推于前方，掌心向前，掌指向上，目视前方。（图22）

图 21

图 22

22.雁落平沙

两脚前跳，身体左转90度，两脚落地后，两腿成右仆步，同时右手持刀由上向右下方劈砍，刀刃向下，刀尖向右，左掌旋腕上架于头上左侧，掌心斜向前，掌指斜向上，目视刀尖。（图23）

23.猛虎跳涧

起身，两脚跳起，身体右转180度，两脚落地后，两腿成左仆步，同时右手持刀在身前自行画弧后下劈于身前，刀刃向下，刀尖向左，左掌画弧推向左侧，掌心向左，掌指向上，目视左侧。（图24）

图 23

图 24

24.夜战八方

起身，提右膝，以左脚为轴，身体左转270度，右脚落地，提左膝，成独立势，右手持刀随身势穿刺画弧后，再向右后方抽撩，护于右后方，刀刃斜向后，刀尖斜向下，左掌随身势画弧前推，掌心向前，掌指向上，目视前方。（图25）

25.罗汉把门

左脚落在右脚前，右脚再向前上半步，落于左脚内侧，两腿成马步，同时右手持刀由身左旋绕一周半，横撩于身前，刀刃向前，刀尖向下，左掌也随着旋腕抹护于身前，掌心斜向下，掌指斜向前，目视前方。（图26）

图 25

图 26

26.腋下藏花

左脚向前上一步，落地后以之为轴，身体右转90度，右脚向左侧移步，同时右手持刀在身前画弧绕花，钻挑于左腋下外侧，刀

刃向外，刀尖向上，左掌上架于头前左上方，掌心斜向前，掌指向右，目视前方。（图27）

27.天王传令

两脚向右侧旋跳一步，身体右转180度，落成右弓步，右手持刀随身势在身前画弧叠花，然后擦抹于右前方，刀刃向外，刀尖斜向下，左掌随刀画弧向左侧推出，掌心斜向左，掌指斜向上，目视左前方。（图28）

图 27

图 28

28.独立观风

提右膝，同时右手持刀挽花，然后屈肘抱于怀中，刀刃向上，刀尖向右，左掌上架于头上左侧，掌心斜向上，掌指斜向右，目视刀尖。（图29）

29.猛虎抱头

以左脚为轴内旋，身体右转90度，右脚落在左脚前，成右弓

步，同时右手持刀旋腕向前推出，刀刃向前，刀尖斜向上，左掌上架于头上左侧，掌心斜向上，掌指斜向右，目视前方。（图30）

30.回头望月

两脚向前抢步，全蹲成歇步，同时右手持刀急旋腕挽花，斜架于身体右上侧，刀刃斜向上，刀尖斜向左，左掌向左推出，成立掌，掌心向左，掌指向上，目视右后方。（图31）

图 29

图 30

图 31

31.腋下藏花

起身，左脚向前上半步，提右膝，成独立势，同时右手持刀由后向头上缠绕于背后，刀刃向外，刀尖向下，左掌推于身前，掌心向前，掌指向上，目视左掌（图32）；以左脚为轴，身体左转90度，右脚下落于左脚内侧，成斜丁步，右手持刀继续缠头向左旋绕，抡撩于左腋外侧，刀刃向外，刀尖向上，左掌画弧，架于头上左前方，掌心向上，掌指向右，目视前方（图33）。

32.提刀滴水

以右脚为轴，身体右转90度，提左膝，成独立势，同时右手持刀由后向前撩劈，撩于身前，刀刃向前，刀尖向下，左掌护于右手腕下方，掌心斜向前，掌指斜向上，目视前方。（图34）

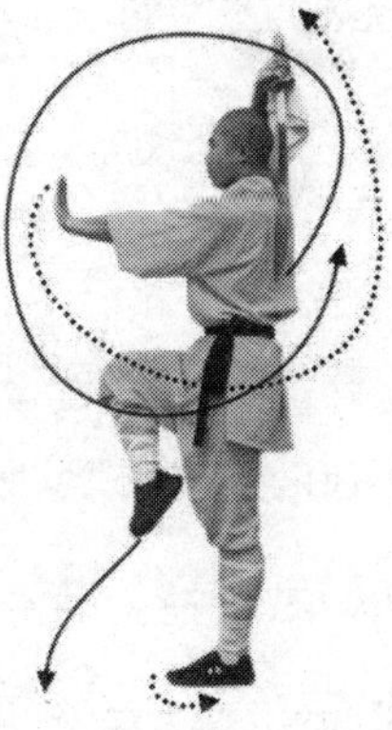

图 32

图 33

图 34

33.罗汉解怀

左脚落在右脚前，提右膝，成独立势，同时右手持刀经右侧向

上画弧，然后向后下方撩劈，再撩于右前下侧，刀刃向前，刀尖向下，右掌变拳，甩击于左后方，目视前方。（图35）

34.力士挑帘

右脚在前方落地，左腿后撩，成独立势，同时右手持刀由前向上再向左后下方画弧撩劈，然后向前上撩挑于右前方，刀刃向上，刀尖斜向前，左拳变掌紧随前推，掌心斜向前，掌指斜向上，目视刀尖。（图36）

图 35

图 36

35.金蟾拜佛

左脚落在右脚前方，以之为轴，身体右转180度，右脚迅速离地落于左脚后方，两腿全蹲成盖步，上身向前探，右手持刀随身势向前方劈击拧把，护于身前，刀刃向上，刀尖斜向前，左掌紧随着护于右手腕上侧，掌心向前，掌指向上，目视刀尖。（图37）

36.猿猴献书

起身，左脚向前上，并以之为轴，身体右转90度，提右膝，成独立势，同时右手持刀旋腕，向左上方斜推，刀刃斜向左，刀尖斜向下，左掌旋腕推于左侧，掌心向左，掌指向上，目视左侧。（图38）

图 37

图 38

37.白猴出洞

以左脚为轴，身体左转90度，接着两脚同时弹起，右脚先向前落地，左脚再落丁右脚前方半步，变成左虚步，上体前探，同时右手持刀向前反腕下劈，然后向后贴身抽拉于右侧，刀刃向下，刀尖向前，左掌旋腕向前推出，成立掌，掌心向前，掌指向上，目视左掌。（图39）

38.敬德托鞭

右脚向前上一步，提左膝，成独立势，同时右手持刀向前穿刺后，撩于左肋外侧，刀刃向外，刀尖向后，左掌上架于头上左侧，掌心向上，掌指向右，目视前方（图40）；右脚尖外旋，左脚向前上一步，两腿成右弓步，身体稍右转，同时右手向前挥刀后拉，刀刃向外，刀尖斜向左，左掌画弧向左推出，掌心向左，掌指向上，目视前方（图41）。

39.金刚踢腿

两脚踝地，身体左转90度，抬右脚向前上方弹踢，右手持刀紧靠右肩，左掌护于左侧，掌心向右，掌指向上，目视右脚。（图42）

图 39

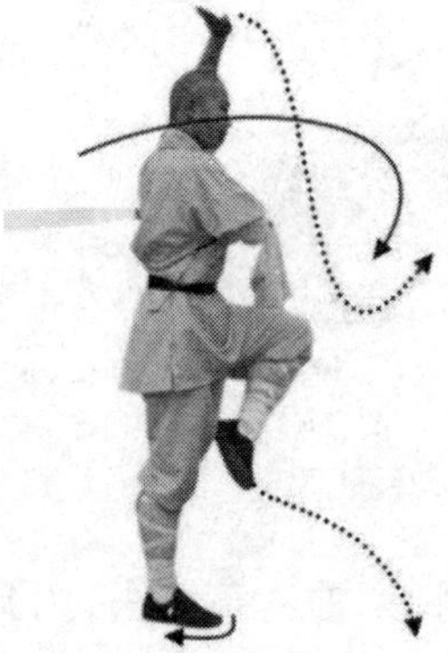

图 40

图 41

图 42

40.金童献宝

右脚落地，左脚向前上一步，成左高弓步，同时右手持刀由后向下向前再向左上旋扫半周，抡于左侧，再向前推擦于左肩上，刀刃向上，刀尖向后，左掌向前画弧甩于左后方，掌心向左后方，掌指斜向上，目视前方。（图43）

图 43

41.仙人坐洞

两脚跳起，向前半步落地为轴，身体右转180度，成右弓步，同时右手持刀向左前方劈砍后，再向右侧旋腕后拉，刀刃斜向外，刀尖向后，左掌随身势画弧，推向后方，掌心向外，掌指向上，目视左掌（图44）；左脚尖外旋，身体左转90度，右脚向左脚移半步，两腿下蹲，成马步，右手持刀向前挑，然后护于左侧，刀刃向左，刀尖向上，左臂屈肘，左掌护于刀后，掌心向前，掌指斜向右，目视前方（图45）。

图 44

图 45

42.力战双雄

起身，以两脚为轴，身体右转90度，右脚向前上半步，成右弓步，右手持刀随身势向前推削，刀刃向上，刀尖斜向前，左掌向前推出，掌心向前，掌指向上，目视前方（图46）；右脚后移，落地震脚，以左脚为轴，身体左转180度，抬右脚向前上一步，成右高弓步，右手持刀随身势由后穿向前方，架于头前上方，刀刃斜向下，刀尖斜向左，左掌推向前方，掌心向前，掌指向上，目视前方（图47）。

图 46

图 47

43.野马跳槽

抬右脚，落于左脚后，以右脚为轴，身体右转180度，迅速抬左脚震脚，右脚向前上半步，成右弓步，右手持刀随身势由左向右绕头一周半，然后旋扫于身前，刀刃斜向上，刀尖斜向前，左掌画弧推向体前，掌心向前，掌指斜向上，目视左侧。（图48）

44.雁落平沙

两脚前跳，落地后踉地，身体左转90度，成右高仆步，同时右手持刀在身前向左上画弧叠刀，然后劈向右下方，刀刃向下，刀尖向右，左臂屈肘，左掌上架于头上左侧，掌心斜向前，掌指斜向右，目视刀尖。（图49）

45.独龙出洞

起身，两腿成右弓步，上身右转前探，同时右手持刀前刺，刀刃向上，刀尖向前，左掌上架于头上，掌心斜向上，掌指斜向右，目视刀尖。（图50）

46.回身挑袍

两脚踉地，身体左转90度，收左脚成虚步，同时右手持刀反腕前挑于身前方，刀刃斜向前，刀尖斜向上，左掌扶按刀背，掌心斜向前，掌指斜向上，目视刀尖。（图51）

图 48

图 49

图 50

图 51

47.白猿入洞

右脚后移，左腿提膝，上体前探，同时右手持刀反腕下劈，向后抽拉，刀刃斜向后，刀尖斜向下，左掌向前下方推击，掌心斜向下，掌指斜向前，目视前左掌。（图52）

图 52

48.顺水推舟

左脚落在右脚前方，右腿向前提膝，成独立势，同时右手持刀由后向前撩出，刀刃向前，刀尖向上，左掌展于左后方，掌心向后，掌指斜向上，目视前方（图53）；左脚尖外旋，右脚向前落步，成右高弓步，右手持刀向后旋腕推向前方，刀刃斜向前，刀尖斜向左，左掌画弧向后平展，掌心斜向后，掌指斜向上，目视前方（图54）。

49.回身拜佛

以左脚为轴，身体左转180度，右腿迅速后撩，成独立势，同时右手持刀由后向前上穿刺于身前方，刀刃向前，刀尖向上，左掌前推，按扶于右手腕，掌心斜向下，掌指斜向右，目视前方。（图55）

图 53

图 54

图 55

50.夜战藏刀

以左脚为轴，身体右转180度，右脚下落，成高虚步，右手持刀随身势撩于身前，反腕后拉，左掌横架于身前，掌心向前，掌指斜向右，目视前方（图56）；抬左脚向前上半步，成左高虚步，同时右手持刀在右侧向前叠花一周，然后向后拉抽于右腿外侧，刀刃斜向后，刀尖斜向下，左掌在身前画弧前推，掌心向下，掌指向前，目视前方（图57）。

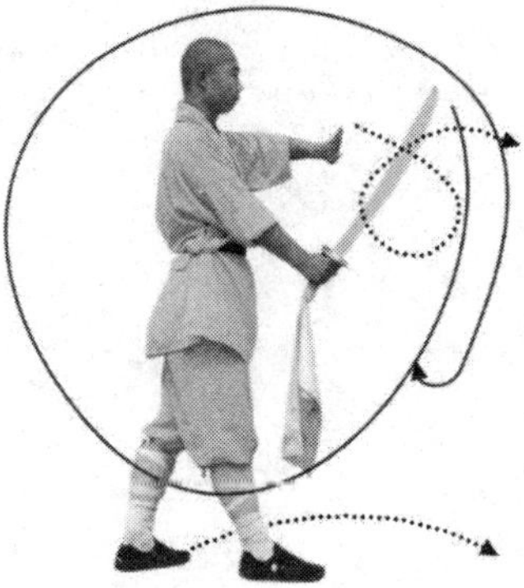

图 56

图 57

51.魁星挑帘

提右膝，成独立势，同时右手持刀由后向前穿于身前，刀尖向上，刀刃向前，左掌外展，掌心斜向上，掌指向右，目视前方（图58）；右脚落在左脚前，以之为轴，身体左转180度，提左膝，成独立势，右手持刀在身前向右画半弧后上架于头上前方，刀刃向上，刀尖向左，左掌画弧向前平推，掌心斜向前，掌指向上，目视左掌（图59）。

图 58

图 59

52.披身伏虎

左脚落地后以之为轴，上身左转90度，抬右脚向前上一步，两腿屈膝全蹲成盖步，同时右手持刀由右向左缠撩于身后上方，刀刃斜向上，刀尖斜向后，左掌甩摆于身后左侧，掌心向左，掌指向上，目视左侧（图60）；起身，两脚先左后右前跳一步，两腿成左弓步，同时右手持刀由左向右绕头上旋扫一周，然后向身前下方斜撩，刀刃斜向前，刀尖斜向下，左掌向左侧下撩，掌心向前，掌指斜向下，目视左侧（图61）。

图 60

图 61

53.一根清香

起身，以两脚为轴，身体左转180度，收左脚成虚步，同时右手持刀由后向前穿刺于身前，刀刃向前，刀尖向上，左掌上托右前臂，目视前方。（图62）

54.猿猴偷桃

右脚向前上一步，以之为轴，身体左转180度，提右膝，成独立势，同时右手持刀随身势缠头向左旋绕，护于身后左侧，刀刃向后，刀尖向下，左臂屈肘，左掌护于左前方，掌心向右，掌指斜向上，目视前方。（图63）

55.展旗观斗

右脚落在左脚前，成右弓步，右手持刀由右向左绕头旋转一周，然后架于头上，刀刃向上，刀尖向后，左掌变拳，推向身后左侧，目视左后方。（图64）

56.天女散花

两脚蹍地，身体左转90度，抬左脚落于右脚后外侧半步，两腿全蹲成歇步，同时右手持刀由上向右侧劈砍，刀刃向右，刀尖向上，左拳变掌，展于左上方，掌心斜向左，掌指斜向上，目视右侧。（图65）

图 62

图 63

图 64

图 65

57.武松断虎

起身，以左脚为轴，身体右转90度，右脚向前上一步，成右弓步，同时右手持刀由右向上挑甩于头上右侧，刀刃向上，刀尖向后，左掌向右下方推击，掌心斜向下，掌指斜向右，目视前方。（图66）

58.高祖斩蛇

左脚向前上一步，成左弓步，同时两手持刀由后向前下方劈砍，刀刃向前，刀尖斜向上，目视前方。（图67）

图 66

图 67

59.金龙盘顶

以两脚为轴，身体右转180度，两脚前后换步，成左虚步，同时右手持刀由右向左，绕头上旋扫一周，架于头上前方，刀刃斜向上，刀尖斜向前，左掌画弧推于身前，掌心向前，掌指向上，目视左掌。（图68）

60.金灯倒挂

右脚向前上一步，并以之为轴，身体左转180度，提左膝，成独立势，右手持刀随身势由右向下再向左侧斜穿，刀刃向前，刀尖向上，左掌展于左上方，掌心斜向外，掌指斜向右，目视前下方。（图69）

61.仙人献壶

左脚点地，并以之为轴，右脚弹地而起，身体右转180度，右脚在右侧落地稳步站立，提左膝，成独立势，右手持刀随身势向身右后旋扫，绕头一周半，护于身后右侧，刀刃向外，刀尖斜向下，左掌随身势画弧推于前方，掌心向前，掌指向上，目视左掌。（图70）

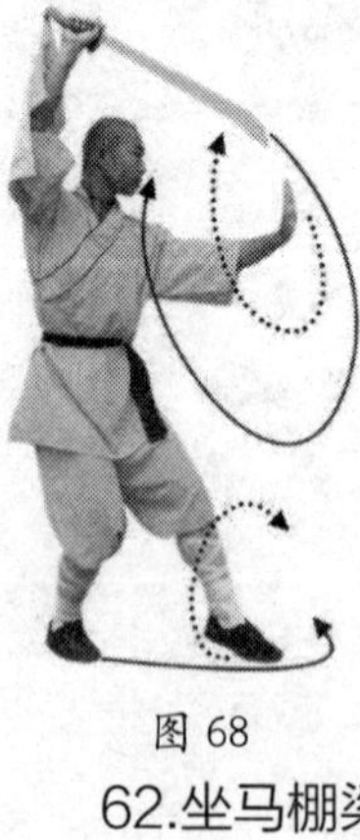

图 68

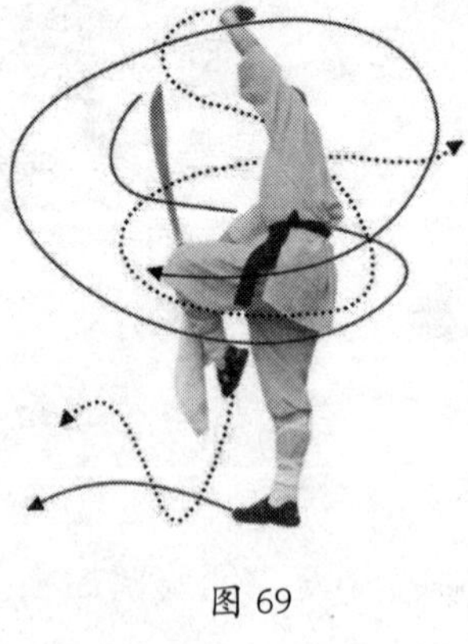

图 69

图 70

62.坐马棚梁

左脚落在右脚前，成左虚步，同时右手持刀穿于身前横挡，刀刃斜向前，刀尖斜向左，左掌向前推出，掌心向前，掌指向上，目视左掌（图71）；两脚微跳，身体左转180度，两脚落地，右手持刀随身势左旋，再向前方横推，刀刃向外，刀尖向左，左掌上架于刀背下面，目视前方（图72）。

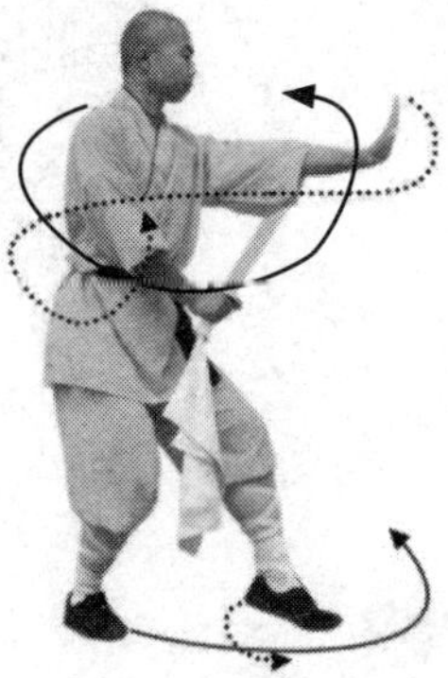

图 71

图 72

63.太公钓鱼

左脚不动，右脚尖点地，同时右手持刀由上向后向下，经右下方向前上挑穿，刀刃向前，刀尖向上，左掌护按于右手腕上部，目视刀背（图73）；以两脚为轴，身体右转90度，左脚向前上半步，提右膝，成独立势，同时右手持刀由上向后下方抡撩，然后撩于身前右侧，刀刃向右，刀尖向下，左掌旋腕上架于头上左侧，掌心斜向上，掌指向右，目视前方（图74）。

64.黄忠射箭

身体右转90度，右脚后落一步，成右弓步，同时右手持刀在右侧自行画弧下劈，再向后抽刀，刀刃向下，刀尖向前，左掌在身前

画弧左推，掌心向左，掌指向上，目视左掌。（图75）

图 73

图 74

图 75

65.临走留招

左腿后抬，以右脚为轴，身体左转90度，成独立势，同时右手持刀旋腕挑撩，右臂屈肘穿护于身前左侧，刀刃向外，刀尖斜向上，左臂屈肘，左掌护于右肩前外侧，掌心向外，掌指斜向上，目视右侧（图76）；右脚尖里旋，身体左转90度，左腿向前提膝，右手持刀由身前左侧向下向后反撩于右下方，刀刃向右，刀尖向下，左掌顺势展于左侧，掌心向左，掌指向上，目视刀尖（图77）。

图 76

图 77

66.回身伏虎

左脚点地，并以之为轴向左旋跳，身体左转270度，下落后两腿成右弓步，上体向前探，同时右手持刀随身势挑举于头上右侧，刀刃斜向上，刀尖斜向后，左掌按于身前下方，掌心斜向下，掌指斜向前，目视前方。（图78）

图 78

67.抱月观敌

两脚向前弹跳半步，落地成右弓步，同时右手持刀绕头后在左侧下落，向右带刀，左掌回环推向前方，掌心向前，掌指向上，目视前方（图79）；右手持刀旋腕，右臂屈肘，抱刀护于胸前，刀刃向外，刀尖斜向右，左掌上架于头上左侧，掌心斜向上，掌指斜向后，目视前方（图80）。

图 79

图 80

68.坐马棚梁

左脚向前上半步，落于右脚内侧，同时右手持刀在身前画弧抡劈，然后推向前方，刀刃向前，刀尖向左，左掌上架于刀背，目视前方。（图81）

69.回身下令

右脚向前上一步，并以之为轴，迅速抬左腿，身体左转180度，成独立势，右手持刀随身势下穿后，上抱于右侧胸前，刀刃斜向

前，刀尖斜向上，左掌推于身前左侧，掌心向前，掌指向上，目视前方。（图82）

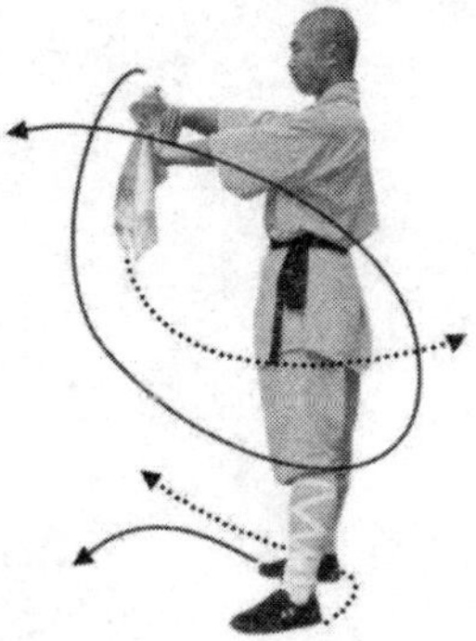

图 81

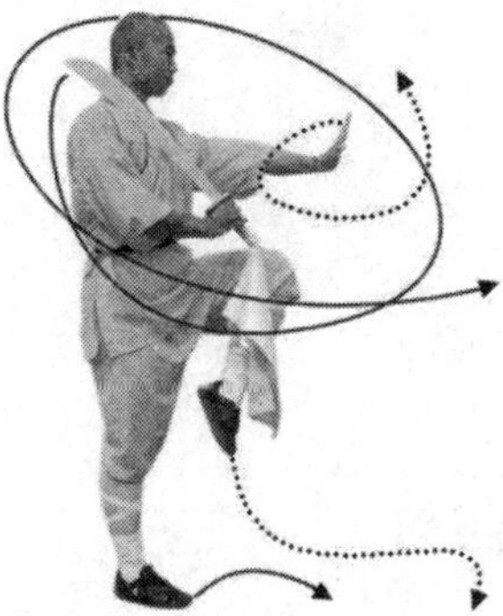

图 82

70.马步藏刀

左脚在前方点地，两脚向前跳一步，落地后踩地，身体右转90度，两腿成马步，同时右手持刀随身势由右向左绕头缠绕一周半，旋扫反腕护于左肋下外侧，刀刃向外，刀尖向上，左掌架于头上左侧，掌心斜向上，掌指向右，目视前方。（图83）

71.燕子展翅

起身，抬右脚后移半步，身体右转45度，抬左脚落于右脚后外侧半步，两腿成倒叉步，同时右手持刀由左向右劈撩，挑于右上方，刀刃向右，刀尖斜向上，左掌旋腕展于左上方，掌心斜向左，掌指向上，目视刀背。（图84）

图 83

图 84

72.倒挂金灯

以两脚为轴，身体左转180度，提左膝，成独立势，右手持刀随身势向身左侧上穿，刀刃斜向前，刀尖斜向左，左掌架于头前左侧，掌心向前，掌指斜向上，目视前方。（图85）

图 85

73.太公观星

左脚点地，两脚起跳，落地后两腿右弓步，右手持刀随身势画

弧上架头上前方，刀刃向上，刀尖向左，左掌变勾手甩于左后方，勾尖向上，目视左侧。（图86）

74.金刚踢腿

以左脚尖为轴外旋，身体左转180度，右腿向前踢击，同时右臂屈肘，旋腕抱刀护于右肋外侧，刀刃斜向前，刀尖斜向上，左勾手变掌用力前推，掌心向前，掌指向上，目视右脚。（图87）

图 86

图 87

75.童子捧香

左脚弹起，右脚落在左脚前方为轴，身体右转45度，左脚前落，两腿成马步，同时右手持刀由右后方向左前方抡劈，然后画弧捧架于身前左侧，刀刃向外，刀尖向上，左掌护于右手腕部，目视前方。（图88）

76.夜战八方

以右脚为轴左旋，提左膝，身体左转45度，成独立势，同时右手持刀向前下劈，然后向后抽拉，平端护于身体右侧，刀刃向下，刀尖向前，左掌向前推，成立掌，掌心向前，掌指向上，目视左掌。（图89）

图 88

图 89

77.山头插旗

左脚前落一步，并以之为轴，身体右转90度，提右膝紧贴左腿，脚尖下垂，成独立势，右手持刀随身势由右向左，绕头缠旋一周，然后抡护于左肋外侧，刀刃向外，刀尖向后，左掌画弧上架于头上左侧，掌心斜向上，掌指斜向右，目视前方。（图90）

78.仙人摆旗

独立势不变，右手持刀由左向右，斜摆于右前下方，刀刃向下，刀尖斜向前，左掌姿势不变，目视前方。（图91）

图 90

图 91

79.乌龙进洞

右脚落在左脚前，两腿成右弓步，同时右手持刀向前反腕扎刺，刀刃斜向下，刀尖斜向前，左掌姿势不变，目视刀尖。（图92）

80.退步留招

抬右脚移于右侧，左脚尖向内旋转，两腿成右虚步，同时右手持刀拧腕向右侧下拨，刀刃向右，刀尖向下，左掌变勾手，画弧摆甩于左侧，勾尖向下，目视刀尖。（图93）

81.黑蛇吐信

抬右脚，左脚随即弹地跳起，身体右转90度，两脚落成左弓步，同时右手持刀由前向上再向后下方抡劈，然后向前方挑刺，刀刃向下，刀尖斜向前，左勾手变掌，在身前画小弧拍按于右臂内侧，目视刀尖。（图94）

图 92

图 93

图 94

82.独立背刀

右脚向前上一步，并以之为轴，身体左转90度，提左膝，成独立势，同时右手持刀由前向后下方环弧抡劈，然后撩背于身后右肩上方，刀刃向后，刀尖向下，左掌下按于体前左侧，掌心向下，目视左侧。（图95）

83.虚步藏刀

左脚在左侧半步下落，以两脚为轴，身体左转90度，成左虚步，同时右手持刀由后向右绕头旋扫一周半，护于右下方，刀刃向下，刀尖向前，左掌推击身前，掌心向前，掌指向上，目视前方。（图96）

图 95

图 96

84.童子弹踢

提左膝，身体右转90度，身体向右斜，右手持刀绕头向左旋绕，然后护于右臂外侧，刀刃向外，刀尖向上，左掌护于左侧前方，掌心向下，掌指向右，目视前下方（图97）；左脚落地，提右膝，右臂屈肘，持刀护于右侧，刀刃向外，刀尖向上，左臂屈肘，左掌右推，掌心向右，掌指斜向上，目视左侧（图98）。

图 97

图 98

收　势

右脚在右侧下落，两腿成马步，同时右手持刀向右平推，刀刃向外，刀尖向上，左掌推向左侧，掌心向外，掌指向上，目视刀背（图99）；左脚与右脚并步站立，身体挺直，右手持刀与左掌同时，内收，左手顺势接刀并收于体侧，刀刃向前，刀尖向上，右手变拳，拳心向上，收于右腰侧，目视前方（图100）。

图 99

图 100